Studio Danse

6

Dessins
Crip
Scénario
Béka
Couleurs
Maëla Cosson

BAMBOO ÉDITION

www.bamboo.fr

La fabrication de cet album répond au processus de développement durable engagé par Bamboo édition. Il a été imprimé sur du papier certifié PEFC.

116, rue des Jonchères - BP 3
71012 CHARNAY-LÈS-MÂCON cedex
Tél. 03 85 34 99 09 - Fax 03 85 34 47 55
Site Web : www.bamboo.fr
E-mail : bamboo@bamboo.fr

QUATRIÈME ÉDITION
Dépôt légal : octobre 2011
ISBN 978-2-8189-0734-4

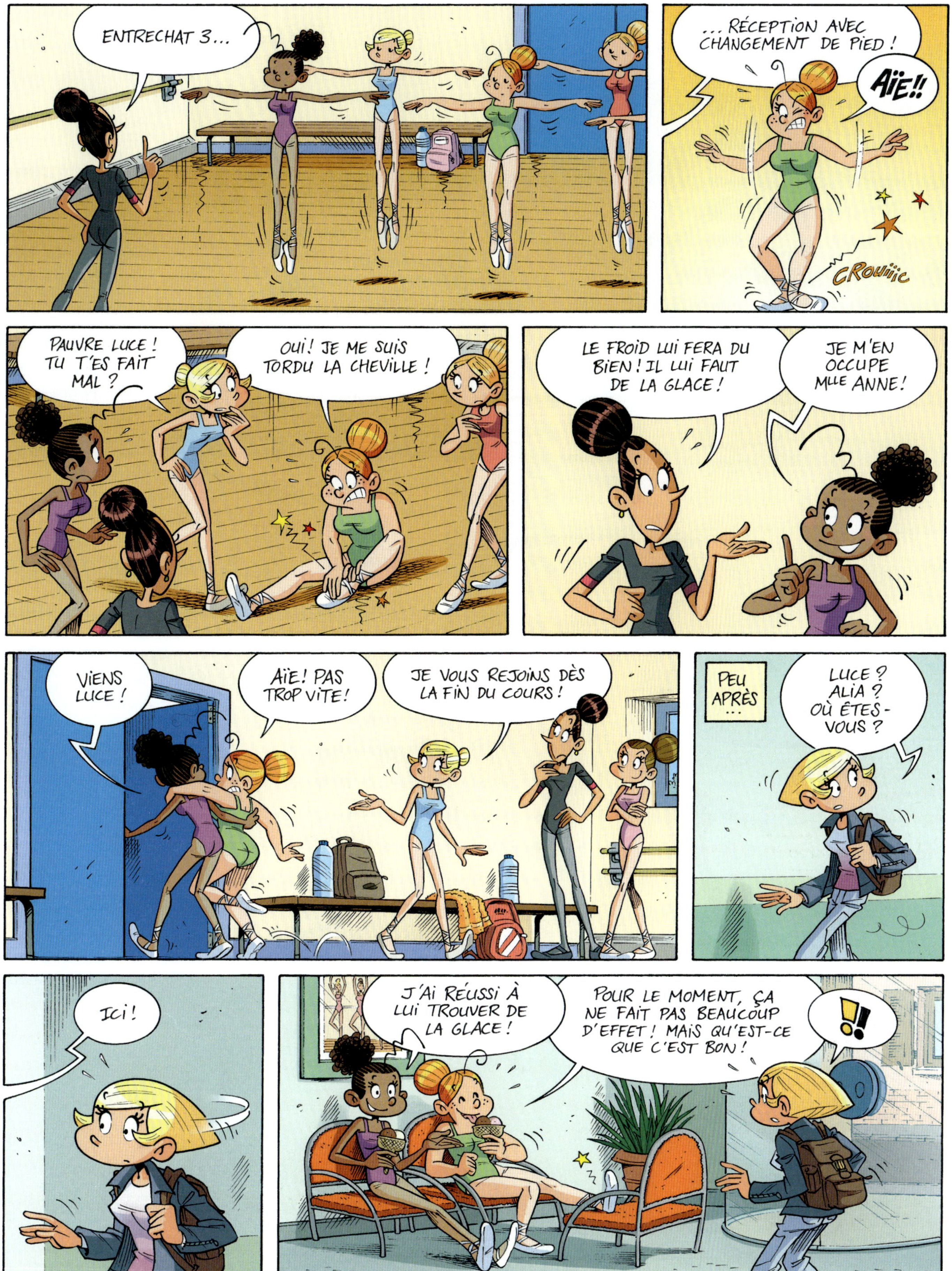

ENTRECHAT 3...
... RÉCEPTION AVEC CHANGEMENT DE PIED !
AÏE!!
CROUiiic
PAUVRE LUCE ! TU T'ES FAIT MAL ?
OUI ! JE ME SUIS TORDU LA CHEVILLE !
LE FROID LUI FERA DU BIEN ! IL LUI FAUT DE LA GLACE !
JE M'EN OCCUPE Mlle ANNE !
VIENS LUCE !
AÏE ! PAS TROP VITE !
JE VOUS REJOINS DÈS LA FIN DU COURS !
PEU APRÈS...
LUCE ? ALIA ? OÙ ÊTES-VOUS ?
ICI !
J'AI RÉUSSI À LUI TROUVER DE LA GLACE !
POUR LE MOMENT, ÇA NE FAIT PAS BEAUCOUP D'EFFET ! MAIS QU'EST-CE QUE C'EST BON !
!!

ET VOILÀ!
JE N'AI PLUS QU'À ME METTRE EN TENUE MAINTENANT!
AH ALIA! ENFIN!
NOUS N'ATTENDIONS PLUS QUE TOI POUR COMMENCER L'ÉCHAUFFEMENT!
!
INUTILE MARY!
CES NOUVEAUX JEANS À LA MODE SONT SI SERRÉS QUE J'AI DÉJÀ FAIT TOUS MES ÉTIREMENTS AU VESTIAIRE!
?

SCRRRRCH!
AÏE!
?
QU'EST-CE QUE TU FAIS, JULIE ?
JE M'ÉPILE ! JE VEUX AVOIR LES JAMBES TOUTES BELLES POUR LA DANSE !
AH!? C'EST IMPORTANT, ÇA ?
BIEN SÛR ! JE DANSE MIEUX QUAND JE ME SENS JOLIE !
SCRRRCH
OUILLE!
PEU APRÈS ...
JE DOIS Y ALLER ! À CE SOIR, CAPUCINE !
À CE SOIR !
?
SCRRRRCH!
SCRRRRCH!
Capucine
MAIS ENFIN, CAPUCINE, QU'EST-CE QUE TU FAIS ?
J'AIDE MES PELUCHES À DEVENIR MEILLEURES EN DANSE !
SCRRRRRCH!
!!

VITE ! IL FAUT QUE JE ME DÉPÊCHE...
PFFF ! PFFF !
SINON, JE VAIS ÊTRE EN RETARD AU COURS DE CLASSIQUE !
VWOUFF
ET Mlle ANNE DÉTESTE LES RETARDATAIRES !
PFFF ! PFFF !
ZOUVVV
!
BIEN ! NOUS ALLONS COMMENCER LES EXERCICES À LA BARRE !
J'AI DE LA CHANCE ! Mlle ANNE A LE DOS TOURNÉ ! JE VAIS DISCRÈTEMENT ME PLACER AU MILIEU DES AUTRES...
PFFF ! PFFF !
TOUT D'ABORD, OUVREZ LA JAMBE EN BATTEMENT FONDU...
MAINTENANT, JE PEUX SOUFFLER UN PEU...
PFFFFF !!
!?
ALORS, D'APRÈS VOTRE PROFESSEUR DE DANSE, VOUS LEVEZ UNE JAMBE ET VOUS ÊTES ÉPUISÉE ! C'EST INQUIÉTANT !
ÇA VA ÊTRE LONG À EXPLIQUER !
Dr BOBAULT

!
DiLiNG!
QU'EST-CE QUE VOUS FAITES LÀ, LES FILLES ? VOUS N'ALLEZ PAS EN COURS DE DANSE ?
SI ! MAIS ON ATTEND UN PEU …
TIM, L'EX DE JULIE, DISCUTE AVEC DES COPAINS DEVANT L'ENTRÉE DE L'ÉCOLE ! ET ELLE PRÉFÈRE ÉVITER DE LE VOIR !
ON PATIENTE DONC ICI, LE TEMPS QUE TIM S'EN AILLE !
TU PEUX T'ASSEOIR AVEC NOUS SI TU VEUX !
AVEC PLAISIR !
JE COMPRENDS MAINTENANT POURQUOI TANT DE DANSEUSES RATENT LEUR CARRIÈRE À CAUSE DES GARÇONS !
POURQUOI DIS-TU ÇA ALIA ?
SCRONCH
S'IL FAUT MANGER DES GÂTEAUX CHAQUE FOIS QU'ON CROISE UN EX, NOTRE LIGNE VA EN PRENDRE UN COUP !
HI ! HI !
HI ! HI !
Salon de Thé
Pâtisserie

TAM
TATAM
TAM
TATAM
TOUM
C'EST PAS MAL, LES FILLES ! MAIS CETTE DANSE EST PLUTÔT MASCULINE VOIRE GUERRIÈRE...
IL FAUDRAIT DONC QUE VOUS SAUTIEZ PLUS HAUT, AVEC PLUS DE PUISSANCE !
NOUS REVIENDRONS LÀ-DESSUS AU PROCHAIN COURS !
J'AI ENTENDU CE QUE TU DISAIS AUX ÉLÈVES, FATOU ! ET J'AI UN TRUC POUR LES AIDER À SAUTER PLUS HAUT !
?
JE LEUR DIS D'IMAGINER QU'IL Y A UN POT DE CHOCOLAT À TARTINER ACCROCHÉ AU PLAFOND...
TU VERRAS, C'EST IMPARABLE !
HI ! HI ! J'AI HÂTE D'ESSAYER !

AU COURS SUIVANT...
TAM
TATAM
?
TAM
TATAM
WAHOU! C'EST IMPRESSIONNANT FATOU! JE N'AVAIS JAMAIS OBTENU UN TEL RÉSULTAT!
TAM
TATAM
TAM
C'EST QUE J'AI UN PEU AMÉLIORÉ TA TECHNIQUE, MARY!
TATAM
TAM
J'AI **VRAIMENT** ACCROCHÉ DES POTS DE CHOCOLAT À TARTINER AU PLAFOND!
!
TATAM
TAM
TATAM

COLLÈGE Bettie Dufiguier
!
!
COLLÈGE Bettie Dufiguier
COINC!
!
!
PAP
!
!
C'EST BIZARRE! JE FAIS DES DÉTOURS PAS POSSIBLES POUR NE PAS CROISER TIM ET, CHAQUE FOIS, JE TOMBE SUR LUI!
IL DOIT LE FAIRE EXPRÈS!
JE NE COMPRENDS PAS! JE PASSE PAR DES ENDROITS DÉSERTS POUR ÉVITER JULIE ET, CHAQUE FOIS, JE TOMBE SUR ELLE!
ELLE DOIT LE FAIRE EXPRÈS!

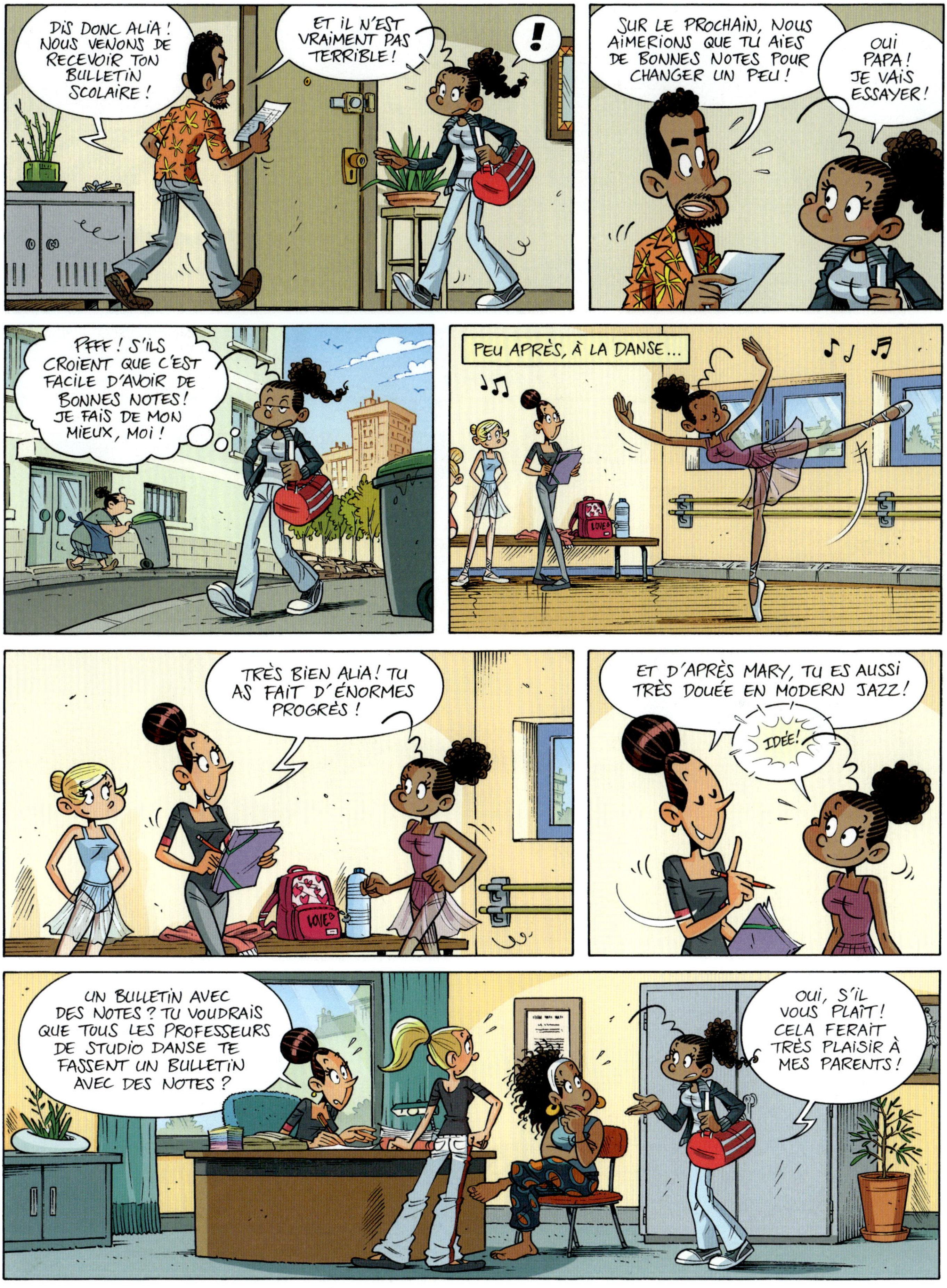
DIS DONC ALIA ! NOUS VENONS DE RECEVOIR TON BULLETIN SCOLAIRE !
ET IL N'EST VRAIMENT PAS TERRIBLE !
!
SUR LE PROCHAIN, NOUS AIMERIONS QUE TU AIES DE BONNES NOTES POUR CHANGER UN PEU !
OUI PAPA ! JE VAIS ESSAYER !
PFFF ! S'ILS CROIENT QUE C'EST FACILE D'AVOIR DE BONNES NOTES ! JE FAIS DE MON MIEUX, MOI !
PEU APRÈS, À LA DANSE...
TRÈS BIEN ALIA ! TU AS FAIT D'ÉNORMES PROGRÈS !
ET D'APRÈS MARY, TU ES AUSSI TRÈS DOUÉE EN MODERN JAZZ !
IDÉE !
UN BULLETIN AVEC DES NOTES ? TU VOUDRAIS QUE TOUS LES PROFESSEURS DE STUDIO DANSE TE FASSENT UN BULLETIN AVEC DES NOTES ?
OUI, S'IL VOUS PLAÎT ! CELA FERAIT TRÈS PLAISIR À MES PARENTS !

RZZZZZ
TAPOTAP
POTAP
TAPOTA
POTAP
HMM... C'EST TRÈS BIEN CAPUCINE...
BRAVO! ZZZZZZZZ...
!
JE COMPRENDS POURQUOI LES GRANDS BALLETS ONT LIEU LE SAMEDI SOIR...
... LE DIMANCHE MATIN, LE PUBLIC N'EST PAS DU TOUT RÉCEPTIF!
?
CROK!
CROK!

METS-TOI UN PEU À MA PLACE, JULIE !
IMAGINE QUE TU DOIVES CHOISIR ENTRE LA DANSE CLASSIQUE ET LE MODERN JAZZ, TU POURRAIS ?
OH NON ! J'AIME TROP LES DEUX !
ET ENTRE L'AFRICAIN ET LE CLASSIQUE ?
NON PLUS !
BON... ET ENTRE LE MODERN JAZZ ET L'AFRICAIN ?
C'EST PAREIL, J'EN SERAIS INCAPABLE !
EH BIEN, POUR MOI, C'EST LA MÊME CHOSE !
COMMENT VEUX-TU QUE JE CHOISISSE LEQUEL DE CES DEUX GARÇONS VA M'ACCOMPAGNER À LA SOIRÉE DE SAMEDI ! ILS SONT AUSSI MIGNONS L'UN QUE L'AUTRE !
TU POURRAIS PEUT-ÊTRE LEUR DEMANDER LEUR AVIS, NON ?

JE N'ARRIVE PAS À MAÎTRISER LE DERNIER MOUVEMENT...
ATTENDS, LUCE, JE VAIS T'AIDER !
ON VA LE DÉCOMPOSER, CE SERA PLUS SIMPLE !
D'ABORD LES JAMBES ...
...PUIS UNIQUEMENT LES BRAS...
ET MAINTENANT, LES DEUX ENSEMBLE ...
PARFAIT, TU Y ES !
EN GÉNÉRAL, EN PROCÉDANT DE CETTE FAÇON, ON ARRIVE À TOUT APPRENDRE !
MERCI FATOU !
C'EST VRAI QUE CETTE MÉTHODE EST EXCELLENTE ! JE ME DEMANDE À QUOI D'AUTRE JE POURRAIS L'APPLIQUER...
LE LENDEMAIN...
Louis XIV
POUR LE RESTE DE LA LEÇON, JE POURRAI PEUT-ÊTRE VOUS EN DIRE PLUS DEMAIN !
ALORS, POUR LE MOMENT, JE NE MAÎTRISE QUE LES TITRES DES CHAPITRES !
!!

JE VOUS RETROUVE DANS LA SALLE DE DANSE, LES FILLES !
AH BON ? MAIS OÙ VAS-TU, JULIE ?
POUR NE PAS CROISER TIM, MON EX, JE PRÉFÈRE PRENDRE L'ESCALIER DU FOND !
D'ACCORD ! À TOUT DE SUITE ALORS !
TOUT VA BIEN ! J'AI RÉUSSI À ÉVITER TIM !
!
!
ALL STAR
C'ÉTAIT UNE BONNE IDÉE DE RASSEMBLER TON GROUPE DE GARÇONS ET MES FILLES POUR UNE CHORÉGRAPHIE COMMUNE ! PAS VRAI, KADER ?
OUI ! MAIS JE NE SAIS PAS POURQUOI, CERTAINS N'ONT PAS L'AIR RAVI...

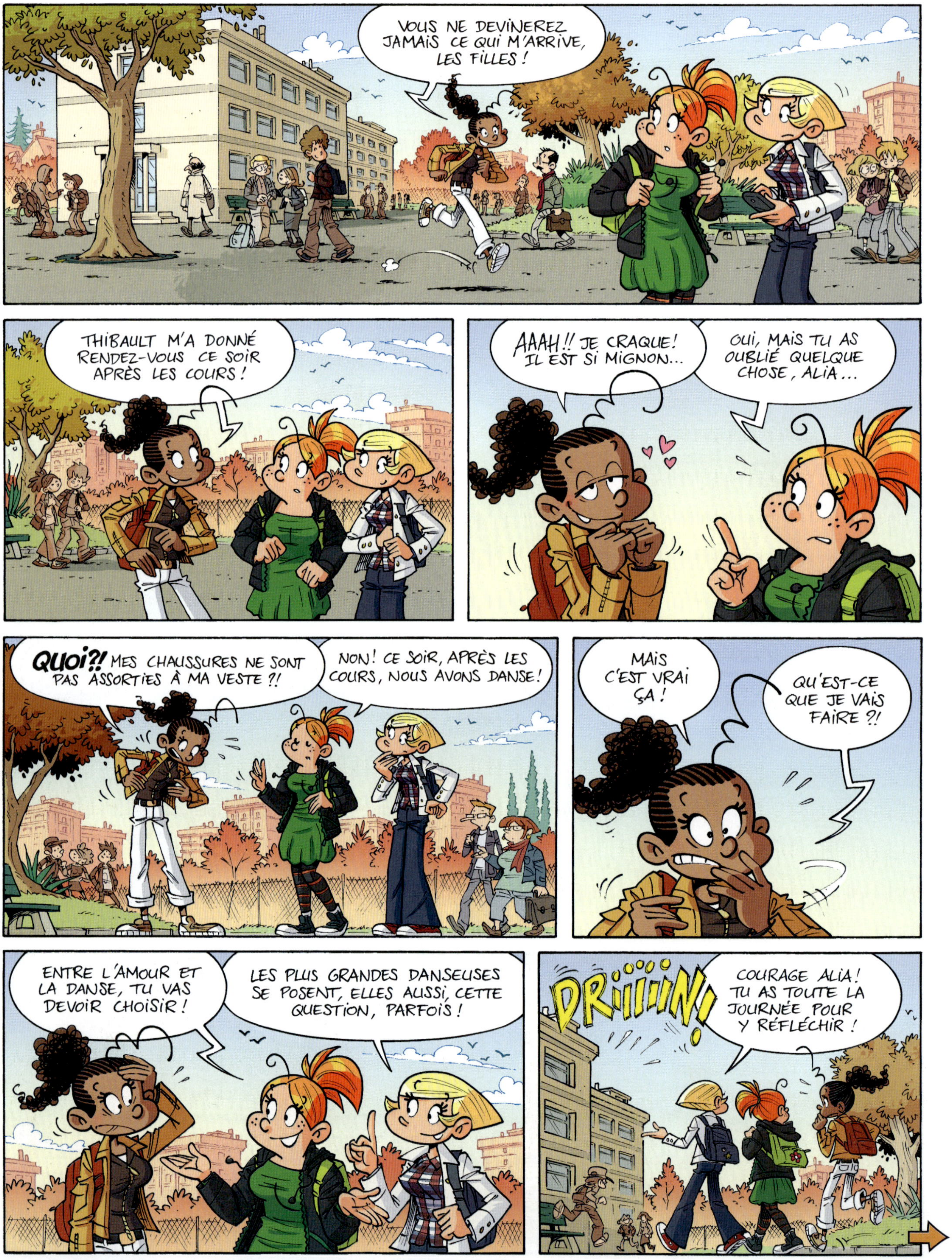
VOUS NE DEVINEREZ JAMAIS CE QUI M'ARRIVE, LES FILLES !
THIBAULT M'A DONNÉ RENDEZ-VOUS CE SOIR APRÈS LES COURS !
AAAH !! JE CRAQUE ! IL EST SI MIGNON...
OUI, MAIS TU AS OUBLIÉ QUELQUE CHOSE, ALIA...
QUOI ?! MES CHAUSSURES NE SONT PAS ASSORTIES À MA VESTE ?!
NON ! CE SOIR, APRÈS LES COURS, NOUS AVONS DANSE !
MAIS C'EST VRAI ÇA !
QU'EST-CE QUE JE VAIS FAIRE ?!
ENTRE L'AMOUR ET LA DANSE, TU VAS DEVOIR CHOISIR !
LES PLUS GRANDES DANSEUSES SE POSENT, ELLES AUSSI, CETTE QUESTION, PARFOIS !
DRIIIIIN !
COURAGE ALIA ! TU AS TOUTE LA JOURNÉE POUR Y RÉFLÉCHIR !

ET LES HEURES PASSENT...
OPEN YOUR ENGLISH BOOK...
...SANS QU'ALIA NE TROUVE DE SOLUTION...
JUSQU'AU DERNIER COURS DE LA JOURNÉE...
QU'EST-CE QUE JE VAIS FAIRE ?
?
MADEMOISELLE ALIA ! VOUS N'ÊTES VISIBLEMENT PAS AVEC NOUS !!
PCHOUT !
VOUS RESTEREZ DONC EN RETENUE À LA FIN DU COURS POUR TERMINER CES EXERCICES !
!
PEU APRÈS...
ALIA EST DÉSOLÉE, MAIS ELLE NE POURRA PAS VENIR...
OUI ! ENTRE L'AMOUR ET LA DANSE, ELLE A FINALEMENT DÛ CHOISIR LES ÉTUDES !
?

LES FILLES, MAMAN EST UN PEU FATIGUÉE. C'EST DONC MOI QUI VAIS VOUS AMENER FAIRE LES ACHATS QUE VOUS AVIEZ PRÉVUS !
AH!
TRÈS BIEN !
PEU APRÈS...
PAPA, JE PRENDS LE JUSTAUCORPS MAUVE OU LE ROSE ?
PAPA! TU VEUX BIEN ALLER ME CHERCHER LA TAILLE INFÉRIEURE, S'IL TE PLAÎT ?
PAPA... EUH... J'AI ENVIE DE FAIRE PIPI !
C'EST GENTIL DE PORTER NOS SACS !
COURAGE! PLUS QUE TROIS BOUTIQUES!
H&H
ET LE CACHE-COEUR, JE LE PRENDS ROSE OU MAUVE ?
CETTE FOIS, IL ME FAUDRAIT LA TAILLE SUPÉRIEURE ...
PFFF!
LE SOIR VENU...
TIENS, ON NE MANGE QUE TOUTES LES DEUX ?
OUI!
MAINTENANT, C'EST MAMAN **ET PAPA** QUI SONT FATIGUÉS !
?!

?
SORTIE DE SECOURS
TIENS, TU AVAIS DÉJÀ REMARQUÉ CETTE SORTIE DE SECOURS, LUCE ?
SORTIE DE SECOURS
NON ! JE N'Y AVAIS JAMAIS FAIT ATTENTION ! JE ME DEMANDE À QUOI ELLE PEUT BIEN SERVIR D'AILLEURS !
TU VIENS ALIA ? ON N'ATTEND PLUS QUE TOI.
JE NE PEUX PAS !
REGARDEZ ! J'AVAIS UN PETIT BOUTON SUR LE FRONT. JE N'AURAIS PAS DÛ LE TOUCHER CAR IL EST DEVENU TOUT GROS ET TOUT ROUGE !
QU'EST-CE QUE JE VAIS FAIRE ? PAS QUESTION QUE JE PASSE DEVANT TOUT LE MONDE AVEC ÇA !!
!!
C'EST BON ! IL N'Y A PERSONNE QUE L'ON CONNAÎT EN VUE ! ON PEUT Y ALLER !
AU MOINS MAINTENANT, ON SAIT À QUOI SERT LA SORTIE DE SECOURS !
HI ! HI !

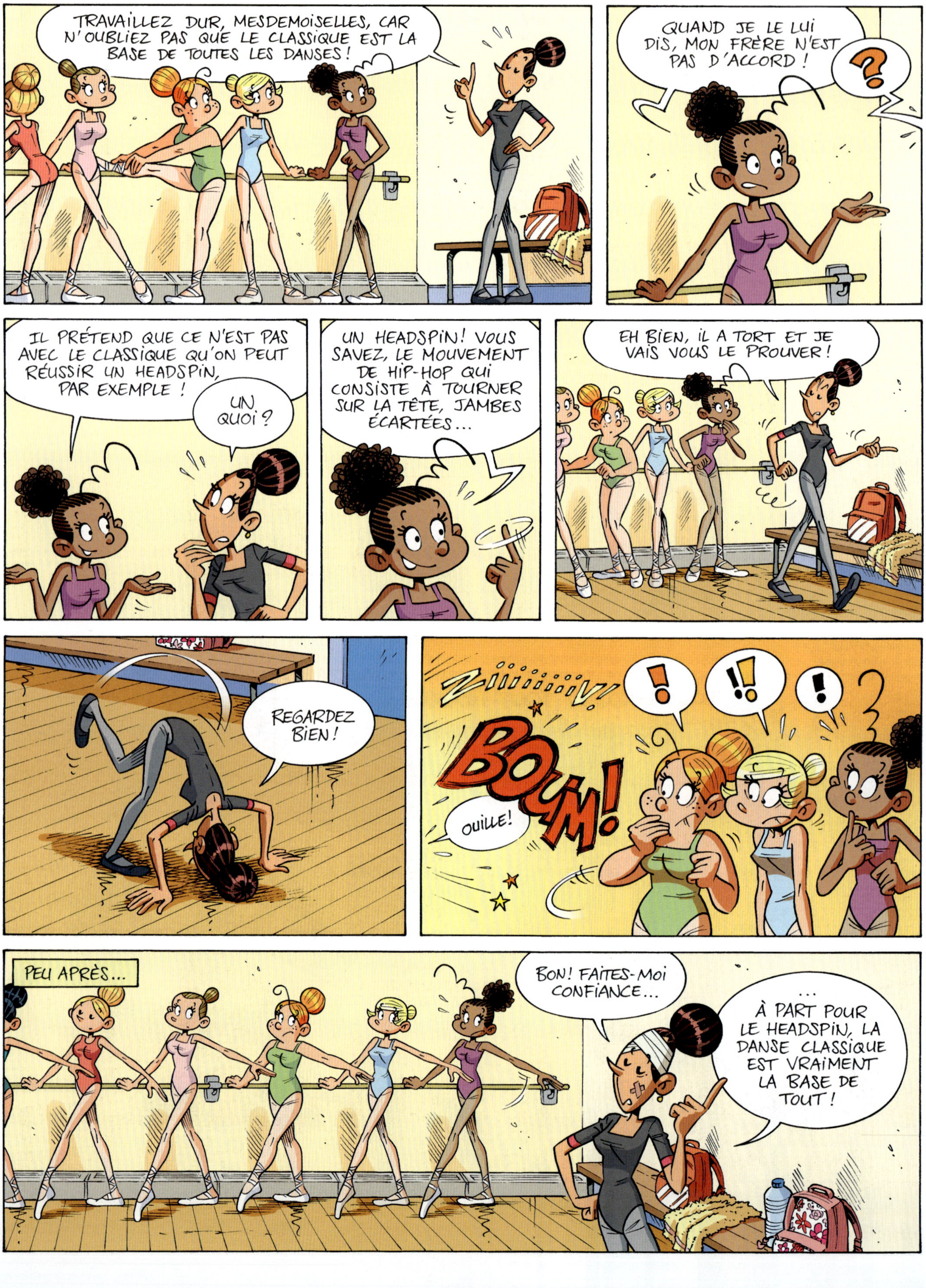
TRAVAILLEZ DUR, MESDEMOISELLES, CAR N'OUBLIEZ PAS QUE LE CLASSIQUE EST LA BASE DE TOUTES LES DANSES !
QUAND JE LE LUI DIS, MON FRÈRE N'EST PAS D'ACCORD !
?
IL PRÉTEND QUE CE N'EST PAS AVEC LE CLASSIQUE QU'ON PEUT RÉUSSIR UN HEADSPIN, PAR EXEMPLE !
UN QUOI ?
UN HEADSPIN ! VOUS SAVEZ, LE MOUVEMENT DE HIP-HOP QUI CONSISTE À TOURNER SUR LA TÊTE, JAMBES ÉCARTÉES...
EH BIEN, IL A TORT ET JE VAIS VOUS LE PROUVER !
REGARDEZ BIEN !
ZIIIIIIIV !
BOUM !
OUILLE !
!
!!
!
PEU APRÈS...
BON ! FAITES-MOI CONFIANCE...
... À PART POUR LE HEADSPIN, LA DANSE CLASSIQUE EST VRAIMENT LA BASE DE TOUT !

C'EST SYMPA QUE LES PARENTS NOUS AIENT LAISSÉS ORGANISER CETTE SOIRÉE CHEZ NOUS !
OUI !
JULIE POURRA PEUT-ÊTRE SE TROUVER UN NOUVEAU COPAIN...
...MAINTENANT QU'ELLE N'EST PLUS AVEC TIM !
PAREIL POUR TIM !
JE SAIS QU'IL A ENVIE D'AVOIR UNE NOUVELLE COPINE LUI AUSSI !
ÇA PROMET D'ÊTRE UNE BELLE FÊTE !
LE SOIR...
LOUPÉ !
LOOOVE I LOVE LOOOVE
IL A FALLU QUE, À PART NOUS, TIM ET JULIE SOIENT LES DEUX SEULS CÉLIBATAIRES DE LA SOIRÉE !
OUI ! PAS DE CHANCE !

VOUS SAVEZ TOUTES QU'UN SPECTACLE DE DANSE NE SE DÉROULE PAS TOUJOURS COMME PRÉVU...
ET POURTANT, LES SPECTATEURS NE DOIVENT SE RENDRE COMPTE DE RIEN ! QUAND ON EST PROFESSIONNEL, PAS QUESTION D'ARRÊTER DE DANSER AU MOINDRE PROBLÈME !
AUJOURD'HUI, NOUS ALLONS DONC TRAVAILLER SUR TOUS CES PETITS IMPRÉVUS QUI PEUVENT PERTURBER UNE REPRÉSENTATION...
REPRENONS NOTRE DERNIÈRE CHORÉGRAPHIE. PENDANT QUE VOUS DANSEREZ, JE VAIS TOUT FAIRE POUR VOUS GÊNER...
CLIC
ON Y VA LES FILLES !
SWING
POM POM
SWING
CLIC
?
?
?
MÊME SI LA MUSIQUE S'ARRÊTE, IL FAUT CONTINUER COMME SI DE RIEN N'ÉTAIT !

QUELQU'UN PEUT NE PAS ÊTRE À SA PLACE...
!
... ET VOUS DEVEZ VOUS ADAPTER...
UNE COIFFURE PEUT AUSSI SE DÉFAIRE...
?
... MAIS MALGRÉ TOUT, VOUS NE DEVEZ PAS CESSER DE DANSER !
BRAVO LES FILLES ! ON ARRÊTE LÀ POUR AUJOURD'HUI, MAIS NOUS REFERONS CET EXERCICE DE TEMPS EN TEMPS. C'EST TRÈS IMPORTANT DE SAVOIR GÉRER L'IMPRÉVU !
OH NON ! J'AI OUBLIÉ DE PRENDRE MA BOUTEILLE D'EAU !
TU VEUX UN PEU DE LA MIENNE ?
!!
PRAOUF !
?
QU'EST-CE QUI SE PASSE ?
C'EST LA PREMIÈRE FOIS QUE CARLA EST GENTILLE AVEC NOUS ...
OUI ! JULIE N'ARRIVE PAS ENCORE À MAÎTRISER CE GENRE D'IMPRÉVU !
HÉ ! HÉ !

... BATTEMENT TENDU VERS L'ARRIÈRE ...
ENFIN UN PEU D'ESPACE !
ENFIN UN PEU DE COMPAGNIE !

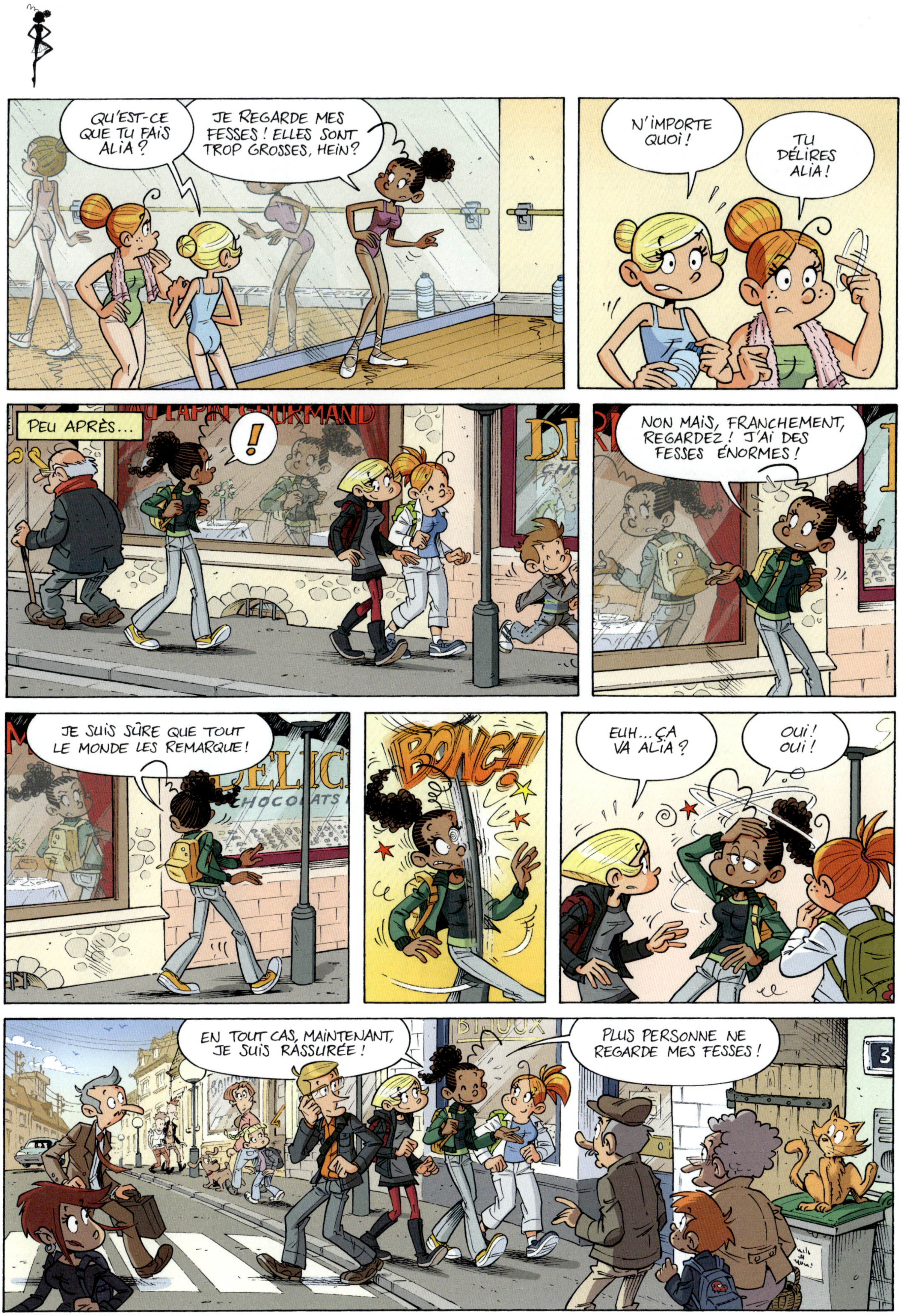
QU'EST-CE QUE TU FAIS ALIA ?
JE REGARDE MES FESSES ! ELLES SONT TROP GROSSES, HEIN ?
N'IMPORTE QUOI !
TU DÉLIRES ALIA !
PEU APRÈS...
AU LAPIN GOURMAND
!
NON MAIS, FRANCHEMENT, REGARDEZ ! J'AI DES FESSES ÉNORMES !
JE SUIS SÛRE QUE TOUT LE MONDE LES REMARQUE !
BONG !
EUH... ÇA VA ALIA ?
OUI ! OUI !
EN TOUT CAS, MAINTENANT, JE SUIS RASSURÉE !
PLUS PERSONNE NE REGARDE MES FESSES !

SWING
SWING
TATOUTITOUM
TAM
QU'EST-CE QUE C'EST JOLI TOUTES CES MUSIQUES !
OH OUI !
TÛÛÛÛT !
TÛÛÛT !
VROOUM !
TÛÛÛÛT !
TÛT !
VROOOAA !
ON NOUS DEMANDE SOUVENT POURQUOI NOUS AIMONS TANT LE MONDE DE LA DANSE...
OUI ! CE N'EST TOUT DE MÊME PAS DIFFICILE À COMPRENDRE !
OUAH ! OUAH !
OUIIIN !

UN MATIN, PENDANT LE COURS DE DANSE MODERNE DE MARY...
...3, 4, 5 ET A... AA... AAA...
ATCHiii!
CE N'EST RIEN LES FILLES, CONTINUEZ !
1, 2...
AATCHOUM
À LA FIN DU COURS ...
TU DEVRAIS VITE RENTRER CHEZ TOI, MARY! TU ES EN TRAIN DE PRENDRE FROID !
JE NE PEUX PAS ! SNIRFL ! Mlle ANNE A CONVOQUÉ TOUS LES PROFESSEURS DANS SON BUREAU POUR UNE RÉUNION IMPORTANTE !
Si C'EST CE QUE JE PENSE, CE SERA UNE BONNE NOUVELLE POUR VOUS, LES FILLES ! MAIS JE NE PEUX RIEN VOUS DIRE POUR LE MOMENT...
?
?
VOUS CROYEZ QU'ILS VONT INSTALLER UN DISTRIBUTEUR DE CHOCOLATS DANS L'ÉCOLE ?...
OU ALORS, PLEIN DE GARÇONS SUPER MIGNONS SONT PEUT-ÊTRE EN TRAIN DE S'INSCRIRE ?!
PFFF!

KOF! KOF! KOF!
DIRECTION
TOC TOC
ENTRE, MARY ! JE TE SERS UN THÉ ?
AVEC PLAISIR !
SNIRFL!
VOILÀ POURQUOI JE VOUS AI RÉUNIS...
MARY SOUHAITAIT PARTICIPER AU PRESTIGIEUX CONCOURS NATIONAL DES JEUNES TALENTS DE LA DANSE MODERNE...
SNIRFL!
J'AI DONC PROPOSÉ NOTRE CANDIDATURE AU COMITÉ DE SÉLECTION ...
... ET ELLE A ÉTÉ RETENUE !
WAAAAH! TROP COOL !!
OUI, IL PARAÎT QUE C'EST TRÈS DIFFICILE D'ÊTRE ACCEPTÉ À CE CONCOURS !
QU'EST-CE QUE TU EN DIS, MARY ?
JE N'AI QU'UN MOT ...
AAATCHII!!!
!
?!

PARDON ! JE N'AI QU'UN MOT, C'EST **MERVEILLEUX !** SNIRFL ! J'AI TOUJOURS RÊVÉ D'ALLER À CE CONCOURS AVEC MES ÉLÈVES !
PARFAIT ! J'AI DÉJÀ COMPLÉTÉ LE DOSSIER ADMINISTRATIF ! NOUS N'AVONS PLUS QU'À LE RETOURNER POUR VALIDER NOTRE INSCRIPTION !
À PRÉSENT, IL VA FALLOIR NOUS METTRE AU TRAVAIL ET CRÉER UNE BELLE CHORÉGRAPHIE AVEC LES ÉLÈVES !
JE COMPTE SUR TOI MARY ! PAR QUOI PENSES-TU COMMENCER ?
PAR PRENDRE UNE ASPIRINE !...
PLOP ! SHIIIIII
SNIRFL !
JE GRELOTTE DE FROID ET J'AI LA TÊTE LOURDE ...
SPORT
TU DEVRAIS ALLER TE REPOSER UN PEU. NOUS RÉGLERONS LES DERNIERS DÉTAILS DEMAIN...
EN ATTENDANT, INUTILE D'EN PARLER AUX ÉLÈVES ! NOUS LEUR FERONS UNE SURPRISE !
BIEN ENTENDU !
SPORT
!!
ALORS C'EST BIEN VRAI ? ON VA PARTICIPER AU CONCOURS NATIONAL DES JEUNES TALENTS ?
GÉNIAL !
QUAND EST-CE QU'ON COMMENCE À RÉPÉTER ?
DIRECTION

MAIS LE LENDEMAIN...
JE SUIS DÉSOLÉE, ANNE. J'AI VU UN MÉDECIN QUI M'A DIT QUE J'AVAIS UNE BRONCHO-TRACHÉO...
... ENFIN UNE MALADIE DANS CE GENRE !
IL A PEUR QUE CELA ÉVOLUE EN PNEUMONIE ET M'A ORDONNÉ DE RESTER CHEZ MOI PENDANT TROIS SEMAINES !
!
IL A RAISON, MARY ! REPOSE-TOI BIEN POUR NOUS REVENIR EN FORME, C'EST LE PLUS IMPORTANT !
KOF ! KOF ! KOF !
JE NE VAIS PAS ENVOYER LE DOSSIER D'INSCRIPTION AU CONCOURS. NOUS VERRONS SI MARY AURA LE TEMPS DE CRÉER UNE CHORÉ QUAND ELLE REVIENDRA...
TIBIB !
MAIS J'AI BIEN PEUR QUE CE NE SOIT UN PEU COURT !
MAINTENANT, JE DOIS ALLER ANNONCER LA MAUVAISE NOUVELLE AUX ÉLÈVES !
QUELQUES INSTANTS PLUS TARD...
... JE NE SAIS DONC PAS SI NOUS POURRONS PARTICIPER À CE CONCOURS !
!
!
MAIS C'EST TERRIBLE ÇA !
DANS UN CAS PAREIL, JE NE VOIS QU'UNE CHOSE À FAIRE, LES FILLES...
AH BON, QUOI ?
ALLER D'URGENCE MANGER UN GÂTEAU AU CHOCOLAT !
LUCE A RAISON, ÇA S'IMPOSE !
!

MAIS, J'Y PENSE... ET SI NOUS L'ÉCRIVIONS NOUS-MÊMES CE BALLET POUR LE CONCOURS ?
AU MOINS, NOUS FERIONS QUELQUE CHOSE PENDANT TROIS SEMAINES AU LIEU D'ATTENDRE BÊTEMENT QUE MARY REVIENNE !
TU TE SENS D'INVENTER UNE CHORÉ, TOI ?
MOI NON, MAIS LUCE EN EST CAPABLE ! TU SAIS BIEN QU'ELLE RÊVE DE DEVENIR CHORÉGRAPHE ET QU'ELLE ÉCRIT DÉJÀ SES PROPRES BALLETS ...
!
MAIS OUI, C'EST VRAI ! MÊME QU'ELLE A TOUJOURS REFUSÉ DE NOUS LES MONTRER !
C'EST... C'EST PARCE QU'ILS NE SONT PAS AU POINT !
EH BIEN, VOILÀ L'OCCASION DE TE PERFECTIONNER !
ALLEZ LUCE ! DIS OUI !
!
JE... JE VEUX BIEN ESSAYER ! MAIS VOUS CROYEZ QUE LES AUTRES ACCEPTERONT ?
ÇA, IL N'Y A QU'UN SEUL MOYEN DE LE SAVOIR ! ON VA ALLER LE LEUR DEMANDER !
ATTENDEZ !
?
?
FINISSONS D'ABORD NOS GÂTEAUX !
CROUNCH ! CROUNCH !
CELA ME DONNERA DU COURAGE !

PEU APRÈS...
MAIS OUI, C'EST UNE EXCELLENTE IDÉE !
ON EST TOUTES PARTANTES !
MOI AUSSI !
ENFIN... SAUF SUR UN POINT ! JE NE VOIS PAS **DU TOUT** LUCE ÉCRIRE UNE BONNE CHORÉ !
JE PENSE QUE JE M'EN SORTIRAI BIEN MIEUX QU'ELLE !
SI NOUS COMMENÇONS DÉJÀ À NOUS DISPUTER, CARLA, NOUS N'ARRIVERONS À RIEN !
EH BIEN, DANS CE CAS, CRÉONS DEUX GROUPES ! ET NOUS VERRONS LEQUEL SERA LE MEILLEUR !
TRÈS BIEN ! CEUX QUI VEULENT TRAVAILLER AVEC LUCE, SUIVEZ-NOUS !
QUE PROPOSES-TU, LUCE ?
JE VAIS ALLER CHERCHER DES IDÉES CHEZ MOI ! DEMAIN, J'ESPÈRE AVOIR UN PROJET À VOUS PRÉSENTER !
BONNE CHANCE !
ON EST TOUTES AVEC TOI !
NE VOUS EN FAITES PAS LES FILLES, JE GÈRE ! ON SE VOIT DEMAIN !
LE SOIR...
VOYONS ! PARTONS DES MUSIQUES QUE J'AIME ET IMAGINONS UN BALLET ORIGINAL... JE DOIS SURPRENDRE LES FILLES ET LES AMUSER TOUT À LA FOIS...
NORMALEMENT, JE DEVRAIS POUVOIR TROUVER UNE CHORÉ TOUTE FAITE SUR INTERNET ! HÉ ! HÉ !

LE LENDEMAIN...
?
?
C'EST BIZARRE, LUCE N'EST PAS LÀ !
ENTREZ !
TOC ! TOC ! TOC !
EXCUSEZ-MOI POUR CE RETARD, M'DAME !
HUM ! ÇA VA POUR CETTE FOIS !
PFFOUH ! J'AI FAILLI NE PAS ME RÉVEILLER CE MATIN ! JE ME SUIS ENDORMIE TRÈS TRÈS TARD...
MAIS J'AI PLEIN D'IDÉES POUR LA CHORÉ ! HI ! HI !
!
MADEMOISELLE LUCE, PUISQUE VOUS AVEZ ENVIE DE PARLER, PASSEZ DONC AU TABLEAU !
C'EST QUE... JE... JE N'AI PAS EU LE TEMPS DE PRÉPARER CE PROBLÈME HIER SOIR ET...
AU TABLEAU, JE VOUS PRIE !
PAUVRE LUCE !
C'EST VRAI CE QU'ON RACONTE : LA VIE DES CRÉATEURS EST PARSEMÉE D'EMBÛCHES !
Soit un triang
Démontrer que

APRÈS LES COURS...
AAAH! NOUS ALLONS ENFIN À LA DANSE!
OUI! ÇA ME FERA OUBLIER MON ZÉRO EN MATHS!
J'AI HÂTE QUE TU NOUS PARLES DE TES IDÉES, LUCE...
TIENS CARLA! TU REPARS?
!
TU DÉCLARES DÉJÀ FORFAIT?
NON! J'AI... EUH... UNE PETITE COURSE À FAIRE À LA POSTE! MAIS POUR LE CONCOURS, SOYEZ SANS CRAINTE, J'AI TROUVÉ UNE CHORÉ GÉ-NI-A-LE HIER SOIR!
VOUS ALLEZ VOIR CE QUE VOUS ALLEZ VOIR!
QU'EST-CE QU'ELLE MIJOTE ENCORE?
PEU APRÈS...
ON T'ÉCOUTE, LUCE!
ALORS... IL S'AGIT D'UN BALLET EN QUATRE TABLEAUX, INTITULÉ «COUP DE FOUDRE DANS LA FORÊT»!
ÇA ME PLAÎT DÉJÀ!

POUR LE PREMIER TABLEAU, IMAGINEZ UN PRINCE QUI SE PROMÈNE À LA LISIÈRE D'UNE FORÊT... MAIS QUELQUE CHOSE DE MODERNE, HEIN !
SOUDAIN, LA BELLE REINE DES FÉES APPARAÎT AVEC SA SUITE...
SANS HÉSITER, ELLE DRAGUE LE PRINCE...
...ET LUI, ÉVIDEMMENT, IL EN TOMBE AMOUREUX !
BIEN ENTENDU, CE SERA BRUNO QUI JOUERA LE RÔLE DU PRINCE !
OUI, MAIS TU AS OUBLIÉ QUELQUE CHOSE, LUCE ! IL NE FAIT PAS PARTIE DE NOTRE GROUPE !
PFFF ! ENFIN, J'ARRIVE À VOUS REJOINDRE !
!
!
J'AI DÛ FAIRE UN GRAND DÉTOUR POUR ÉVITER CARLA ! ELLE VOULAIT ABSOLUMENT QUE JE RESTE AVEC ELLE !
MAIS MOI, JE PRÉFÈRE DANSER AVEC VOUS ! VOUS ÊTES TELLEMENT PLUS SYMPAS !
ON EST SAUVÉES ! LE PRINCE EST LÀ !
ET EN PLUS, IL EST CHARMANT !
?

NOUS ALLONS DONC POUVOIR COMMENCER À TRAVAILLER ! JULIE TU SERAS LA REINE DES FÉES. LES AUTRES, VOUS SEREZ LES SUJETS DE SA SUITE...
QUELQUES JOURS PLUS TARD...
JE CROIS QUE LE DÉBUT EST AU POINT ! JE VAIS DONC VOUS RACONTER LE DEUXIÈME TABLEAU...
LE PRINCE REVIENT SOUVENT DANS LA FORÊT, ESPÉRANT REVOIR LA REINE DES FÉES...
ET, UN MATIN, IL LA DÉCOUVRE SEULE, TOUJOURS AUSSI BELLE...
ELLE LE CHARME...
...ET POUR LE PRINCE AMOUREUX, TOUT SEMBLE DANSER AUTOUR DE LUI : LES ARBRES, LES FLEURS...
MAIS, PETIT À PETIT, SANS QU'IL NE S'EN RENDE COMPTE, LA FORÊT SE REFERME SUR LE PRINCE...
HI ! HI ! MOI JE VEUX ÊTRE UN ARBRE ! J'ADORE L'IDÉE DE CAPTURER UN GARÇON ENTRE MES BRANCHES !

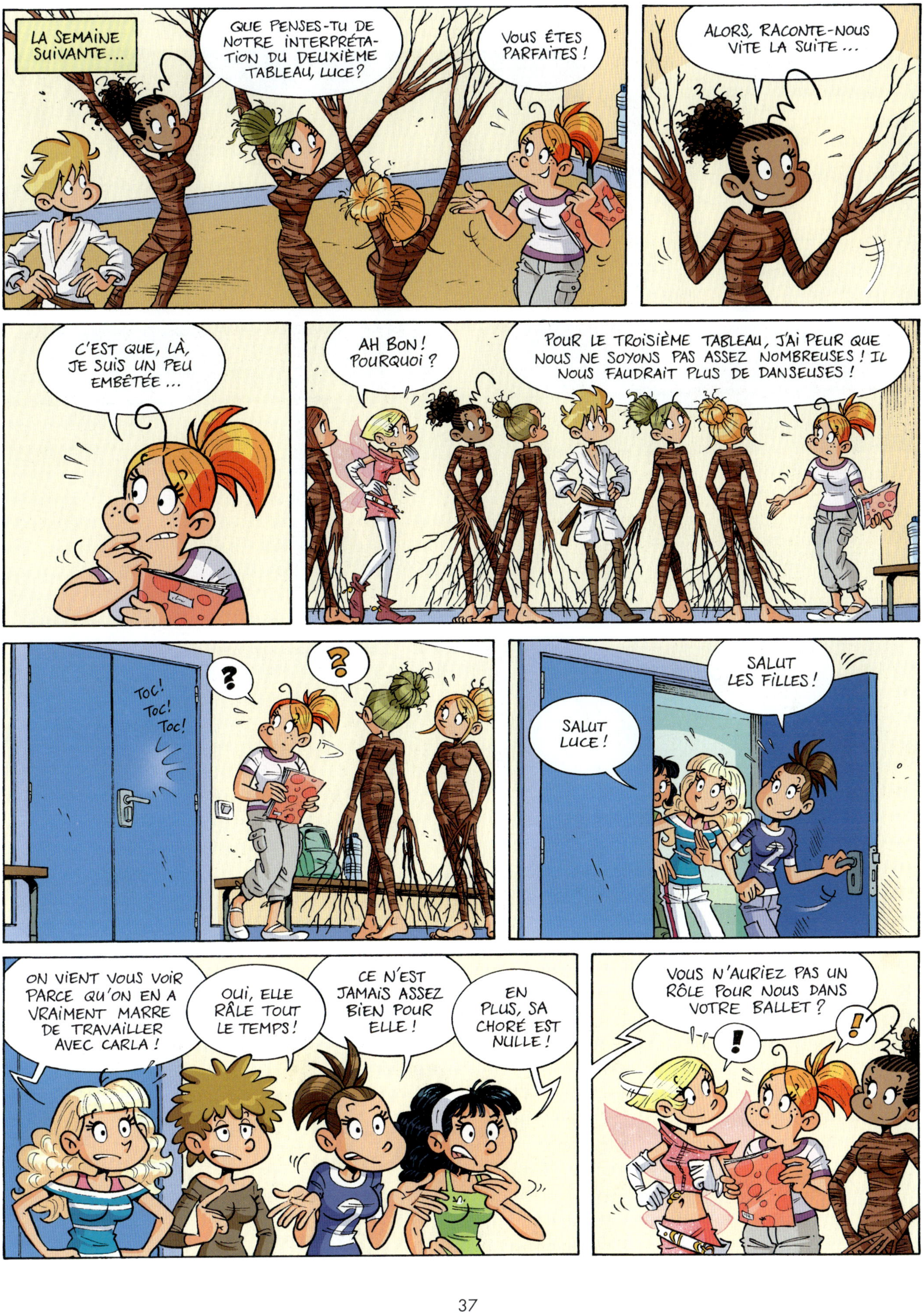
LA SEMAINE SUIVANTE...
QUE PENSES-TU DE NOTRE INTERPRÉTATION DU DEUXIÈME TABLEAU, LUCE ?
VOUS ÊTES PARFAITES !
ALORS, RACONTE-NOUS VITE LA SUITE...
C'EST QUE, LÀ, JE SUIS UN PEU EMBÊTÉE...
AH BON ! POURQUOI ?
POUR LE TROISIÈME TABLEAU, J'AI PEUR QUE NOUS NE SOYONS PAS ASSEZ NOMBREUSES ! IL NOUS FAUDRAIT PLUS DE DANSEUSES !
TOC ! TOC ! TOC !
?
?
SALUT LES FILLES !
SALUT LUCE !
ON VIENT VOUS VOIR PARCE QU'ON EN A VRAIMENT MARRE DE TRAVAILLER AVEC CARLA !
OUI, ELLE RÂLE TOUT LE TEMPS !
CE N'EST JAMAIS ASSEZ BIEN POUR ELLE !
EN PLUS, SA CHORÉ EST NULLE !
VOUS N'AURIEZ PAS UN RÔLE POUR NOUS DANS VOTRE BALLET ?
!
!

ALORS DANS LE TROISIÈME TABLEAU, ON DÉCOUVRE QU'EN RÉALITÉ LA REINE DES FÉES REND LES HOMMES AMOUREUX D'ELLE POUR LES EMPRISONNER DANS LA FORÊT MAGIQUE...
ET LÀ, CE QUI L'AMUSE LE PLUS, C'EST DE LES FAIRE TOURNER EN BOURRIQUE ET DE LES EFFRAYER AVEC SON ARMÉE D'ÉPOUVANTAILS !
QU'EST-CE QUE VOUS EN PENSEZ, LES FILLES ?
GÉNIAL ! CE SONT DES RÔLES QUE NOUS SENTONS TRÈS BIEN !
OUI, IL NOUS SUFFIT DE PENSER À CARLA POUR IMAGINER COMMENT SE COMPORTE UN ÉPOUVANTAIL !
HI ! HI !

LES JOURS ONT PASSÉ...
DES COSTUMES D'ARBRES, DE FÉE SEXY ET MAINTENANT D'ÉPOUVANTAILS ! ELLES ME PRENNENT POUR LE STYLISTE JEAN POLGOTIER MA PAROLE !
TCHAKA TCHAKA TCHAK
PicPic
ET SI CARLA SE RETROUVE TOUTE SEULE ET DÉSOEUVRÉE...
... LE GROUPE DE LUCE MULTIPLIE LES RÉPÉTITIONS.
SUPERBE !
MAINTENANT, IL FAUDRAIT PENSER AU FINAL, LUCE !
C'EST QUE... JE... JE NE L'AI PAS VRAIMENT !
AH BON ?!
OUI ! J'IMAGINE UNE SCÈNE TRÈS FORTE MAIS MES IDÉES NE SONT PAS ENCORE AU POINT...
J'AURAIS BIEN BESOIN D'UN PEU D'AIDE...
SALUT LES FILLES ! JE SUIS ENFIN GUÉRIE !
VOUS ÊTES EN TRAIN DE PRÉPARER QUELQUE CHOSE ?...
!
!
SPORT

PEU APRÈS...
WAOOW! MAIS C'EST GÉNIAL!
BRAVO LUCE! BRAVO LES DANSEURS!
SI TU VEUX, NOUS POUVONS ÉCRIRE LE FINAL ENSEMBLE POUR PARTICIPER AU CONCOURS DES JEUNES TALENTS!
TU... TU CROIS VRAIMENT, MARY?
MAIS OUI, TON BALLET EST EXCELLENT! J'ESPÈRE SEULEMENT QU'ANNE A BIEN ENVOYÉ LE DOSSIER D'INSCRIPTION!
NON, MARY. JE SUIS DÉSOLÉE, JE NE L'AI PAS FAIT!
!
!
COMME TU ÉTAIS MALADE, J'AI PENSÉ QU'IL VALAIT MIEUX ATTENDRE TON RETOUR AVANT DE VALIDER NOTRE INSCRIPTION!
MAIS À PRÉSENT, J'AI BIEN PEUR QU'IL NE SOIT TROP TARD! LA DATE LIMITE EST PASSÉE, IL ME SEMBLE!

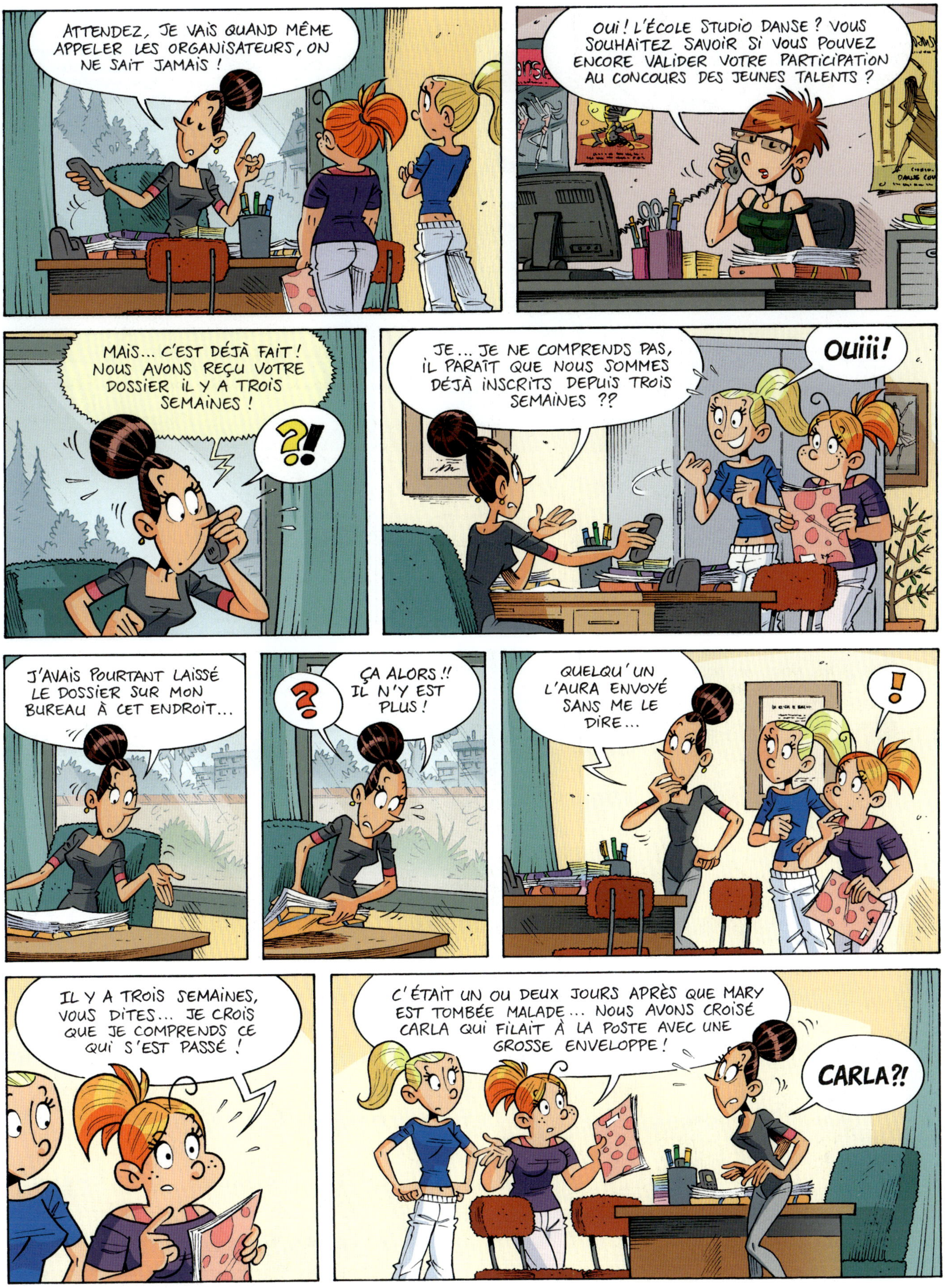
ATTENDEZ, JE VAIS QUAND MÊME APPELER LES ORGANISATEURS, ON NE SAIT JAMAIS !
OUI ! L'ÉCOLE STUDIO DANSE ? VOUS SOUHAITEZ SAVOIR SI VOUS POUVEZ ENCORE VALIDER VOTRE PARTICIPATION AU CONCOURS DES JEUNES TALENTS ?
MAIS... C'EST DÉJÀ FAIT ! NOUS AVONS REÇU VOTRE DOSSIER IL Y A TROIS SEMAINES !
?!
JE... JE NE COMPRENDS PAS, IL PARAÎT QUE NOUS SOMMES DÉJÀ INSCRITS DEPUIS TROIS SEMAINES ??
Ouiii !
J'AVAIS POURTANT LAISSÉ LE DOSSIER SUR MON BUREAU À CET ENDROIT...
?
ÇA ALORS !! IL N'Y EST PLUS !
QUELQU'UN L'AURA ENVOYÉ SANS ME LE DIRE...
!
IL Y A TROIS SEMAINES, VOUS DITES... JE CROIS QUE JE COMPRENDS CE QUI S'EST PASSÉ !
C'ÉTAIT UN OU DEUX JOURS APRÈS QUE MARY EST TOMBÉE MALADE... NOUS AVONS CROISÉ CARLA QUI FILAIT À LA POSTE AVEC UNE GROSSE ENVELOPPE !
CARLA ?!

PEU APRÈS...
OUI ! C'EST BIEN MOI QUI AI ENVOYÉ LE DOSSIER D'INSCRIPTION !
MAIS ENFIN, POURQUOI ?
J'AI VU QU'IL ÉTAIT RESTÉ SUR LE BUREAU DE MLLE ANNE. JE L'AI DONC POSTÉ MOI-MÊME POUR QUE MA CHORÉ SOIT PRÉSENTÉE AU CONCOURS !
J'ÉTAIS SÛRE QUE MON BALLET SERAIT GÉNIAL ! MAIS HÉLAS, MES DANSEUSES N'ONT PAS ÉTÉ À LA HAUTEUR !
JE REGRETTE VRAIMENT...
MAIS NON CARLA, AU CONTRAIRE ! TU NOUS SAUVES !
?!
GRÂCE À TOI, NOUS ALLONS POUVOIR PARTICIPER AVEC LA CHORÉGRAPHIE DE LUCE !
JE REGRETTE ENCORE PLUS D'AVOIR ENVOYÉ CE DOSSIER !
MAINTENANT LUCE, NOUS DEVONS VITE NOUS METTRE AU TRAVAIL. LE TEMPS PRESSE, LE CONCOURS EST DANS MOINS D'UNE SEMAINE !
AVANT TOUT, POUR REMERCIER CARLA DE SON AIDE, J'AI PENSÉ QUE NOUS POURRIONS LUI DONNER UN RÔLE...
...CELUI DE CHEF DES ÉPOUVANTAILS !
OH OUI ! HI ! HI ! ELLE SERA PARFAITE !

POUR LE FINAL, J'AI BIEN ÉTUDIÉ TOUTES TES IDÉES, LUCE, ET VOICI CE QUE JE TE PROPOSE...
NOUS ALLONS UTILISER TON PERSONNAGE DE SOUILLON LA SORCIÈRE. ELLE FAIT PEUR AVEC SES HABITS DÉCHIRÉS, MAIS EN FAIT, ELLE EST TRÈS GENTILLE...
OUI, JE VOYAIS BIEN ALIA DANS CE RÔLE !
EN SE PROMENANT DANS LA FORÊT, SOUILLON VOIT LE PRINCE PRISONNIER DES ÉPOUVANTAILS...
ELLE AFFRONTE LEUR CHEF ET LE TERRASSE GRÂCE À SA MAGIE.
SOUILLON LIBÈRE ENSUITE LE PRINCE ET TOUS DEUX S'ENFUIENT...
LE PRINCE DÉCOUVRE ALORS QU'EN PLUS D'AVOIR UN GRAND COEUR, SOUILLON EST AUSSI TRÈS BELLE.
C'EST ALORS QUE LA REINE DES FÉES REVIENT POUR TENTER DE SÉDUIRE LE PRINCE À NOUVEAU...

MAIS LE PRINCE EST AMOUREUX DE LA SORCIÈRE ! IL REPOUSSE DONC LA REINE DES FÉES...
ET IL RESTE VIVRE AUPRÈS DE SOUILLON DANS LA FORÊT !
DÉPITÉE, LA REINE DES FÉES SE MET À LA RECHERCHE D'UN NOUVEAU PRINCE...
ET LÀ, JULIE IRA DANSER AU MILIEU DES SPECTATEURS POUR TROUVER SA NOUVELLE VICTIME !
OUIIII ! C'EST GÉNIAL, MARY !
ALORS ALLONS VITE TOUT METTRE AU POINT AVEC LES FILLES ! NOUS N'AVONS PAS UN INSTANT À PERDRE !
QUELQUES JOURS PLUS TARD...
CONCOURS NATIONAL
des Jeunes talents
de la DANSE MODERNE
27 et 28
MAI
Pavillon de
la danse
Lyon
NOUS APPELONS MAINTENANT L'ÉCOLE STUDIO DANSE QUI VA NOUS PRÉSENTER UN BALLET INTITULÉ : « COUP DE FOUDRE DANS LA FORÊT ! »
BONNE CHANCE, LES FILLES !
TU NE VIENS PAS LES VOIR DANSER, LUCE ?
NON, JE SUIS TROP STRESSÉE, JE PRÉFÈRE ATTENDRE ICI !

SUR LA SCÈNE...
DANS LES COULISSES...
À LA FIN DE LA REPRÉSENTATION ...
TOUT S'EST BIEN PASSÉ, LUCE ! TU AURAIS DÛ VOIR ÇA !
NE T'EN FAIS PAS ALIA, JE L'AI VÉCU COMME SI J'ÉTAIS SUR SCÈNE AVEC VOUS !
?!

NE RESTONS PAS ICI ! IL GÈLE DANS LES COULISSES DE CE THÉÂTRE !
TU AS RAISON !
SNIRFL !
TU ENTENDS CES APPLAUDISSEMENTS, LUCE ? LES SPECTATEURS ADORENT !!
CLAP CLAP CLAP
BRAVO!
AH OUI ?
TRÈS ORIGINAL !
CLAP CLAP
PEU APRÈS...
ET LE PRIX DE LA MEILLEURE CHORÉGRAPHIE EST ATTRIBUÉ À...
...L'ÉCOLE STUDIO DANSE !
OUIII!
ON A RÉUSSI ! BRAVO LUCE !
BRAVO MARY !
IL FAUDRA QUE VOUS NOUS ÉCRIVIEZ D'AUTRES BALLETS TOUTES LES DEUX !
OUI, MAIS... AA... AAA...
AATCHI!
... PAS AVANT QUELQUES SEMAINES... SNIRFL !... J'AI LA TÊTE LOURDE. JE CROIS QUE J'AI PRIS FROID DANS LES COULISSES !
ÇA, C'EST LA MARQUE DES GRANDS CHORÉGRAPHES ! PAS VRAI, MARY ?
OUI ! HI ! HI !
ATCHAA!
FIN !

Vous aimerez aussi...

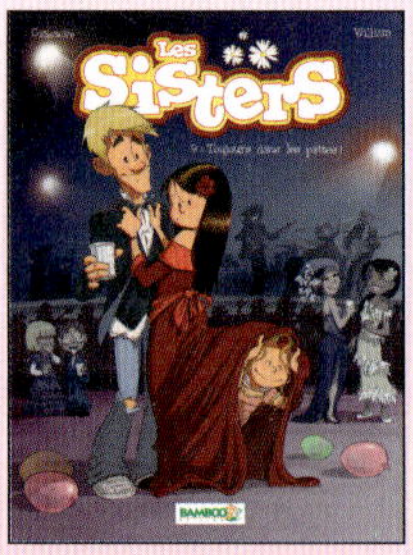

Les Sisters • 9 tomes
Scénario : Cazenove
Dessins : William

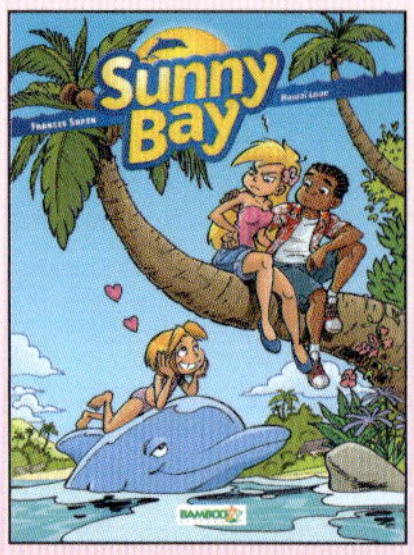

Sunny Bay • 3 tomes
Scénario : Sapin
Dessins : Sapin

Triple Galop • 9 tomes
Scénario : Du Peloux
Dessins : Du Peloux

Cath et son chat • 4 tomes
Scénario : Cazenove & Richez
Dessins : Ramon

Mes Cop's • 3 tomes
Scénario : Cazenove
Dessins : Fenech

BAMBOO ÉDITION

À découvrir au rayon BD

Les Profs • 16 tomes
Scénario : Erroc
Dessins : Pica + Mauricet

Boulard • 3 tomes
Scénario : Erroc
Dessins : Mauricet

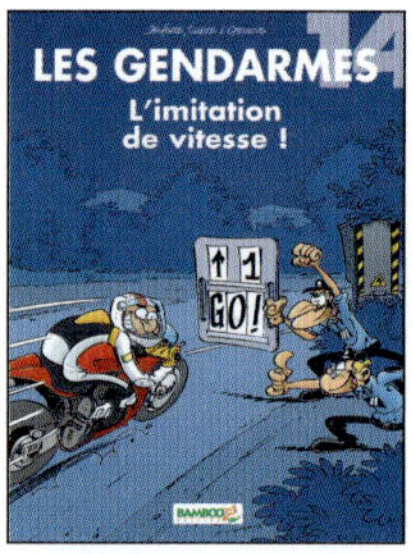

Les Gendarmes • 14 tomes
Scénario : Jenfèvre, Sulpice & Cazenove
Dessins : Jenfèvre

Les Pompiers • 14 tomes
Scénario : Cazenove
Dessins : Stédo

Les Rugbymen • 12 tomes
Scénario : Béka
Dessins : Poupard

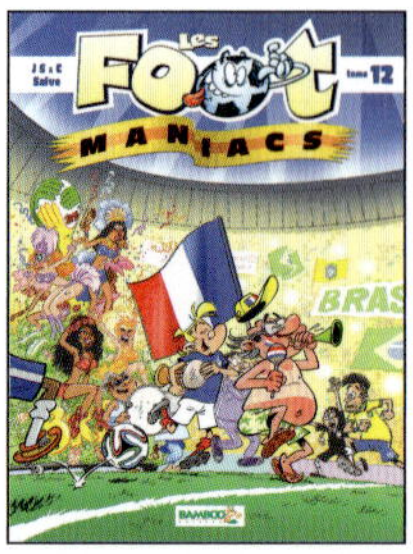

Les Footmaniacs • 12 tomes
Scénario : J S & C
Dessins : Saive

Les Vélomaniacs • 10 tomes
Scénario : Garréra
Dessins : Julié

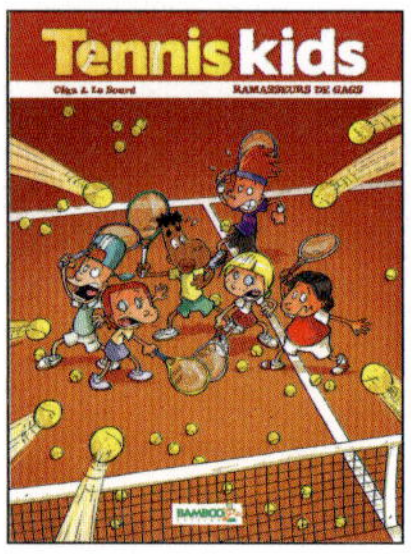

Tennis Kids • 1 tome
Scénario : Céka
Dessins : Le Sourd

Les Fondus de moto • 7 tomes
Scénario : Richez & Cazenove
Dessins : Bloz
TOME 7 MAI 15

Les Damnés de la route • 9 tomes
Scénario : Achdé
Dessins : Rudy
TOME 9 MARS 15

Les Petits Mythos • 5 tomes
Scénario : Cazenove
Dessins : Larbier
TOME 5 MAI 15

Le Petit Louis XIV • 1 tome
Scénario : Cazenove
Dessins : Peral
TOME 1 AVR. 15

Cléo, la petite pharaonne • 1 tome
Scénario : Beney & Cazenove
Dessins : Di Martino
TOME 1 MARS 15

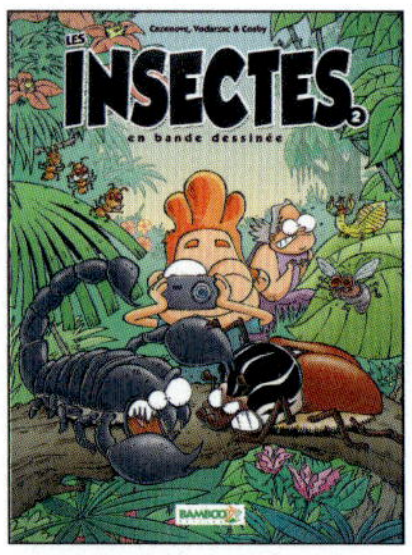

Les Insectes en BD • 2 tomes
Scénario : Cazenove & Vodarzac
Dessins : Cosby

Les Dinosaures en BD • 4 tomes
Scénario : Plumeri
Dessins : Bloz

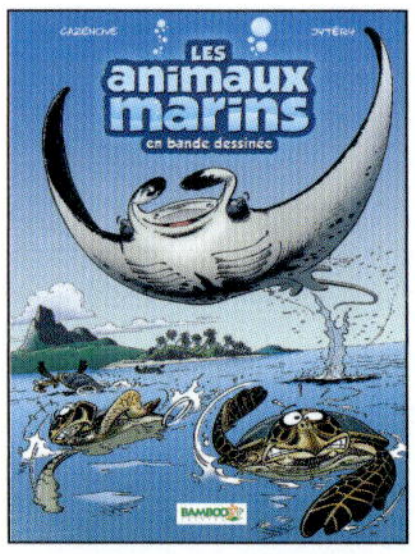

Les Animaux marins en BD • 4 tomes
Scénario : Cazenove
Dessins : Jytéry

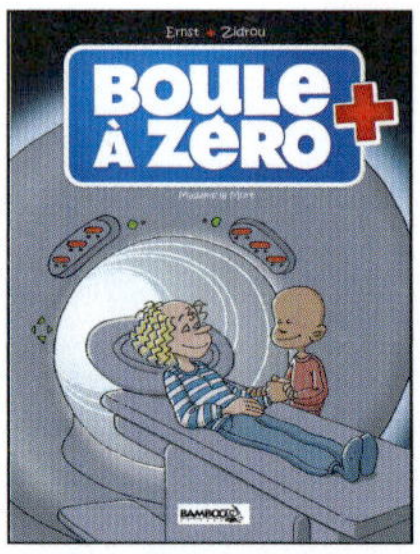

Boule à zéro • 4 tomes
Scénario : Zidrou
Dessins : Ernst
TOME 4 FÉV. 15

Les Godillots • 3 tomes
Scénario : Olier
Dessins : Marko

Retrouvez les actualités, infos et extraits de nos séries sur www.bamboo.fr

Studio Danse

RETROUVE ÉGALEMENT TES HÉROÏNES DE BD EN ROMAN JEUNESSE

TOME 2 : PAS DE DANSE POUR ALIA

CHOISIR ENTRE LA DANSE ET LES ÉTUDES, C'EST IMPOSSIBLE POUR JULIE, LUCE ET ALIA !

Mais vu ses résultats en mathématiques, Alia va y être contrainte par ses parents. Heureusement, ses deux amies la soutiennent dans cette épreuve. Seule Carla, sa rivale de « Studio Danse », est ravie de la voir s'absenter des cours…

Un livre au rythme enlevé, qui fait la part belle à la danse et à l'amitié…

- **2 tomes disponibles en librairies**
- **Histoires & illustrations 100 % inédites !**
- **96 pages à dévorer à partir de 7 ans**
- **Format 12 x 17 cm**

BAMBOO ÉDITION

Plus d'infos sur www.bamboo.fr

JULIE, LUCE ET ALIA TE RECOMMANDENT "LES BALLERINES MAGIQUES" !

Les Ballerines Magiques

Darcey Bussell est une célèbre danseuse étoile.

Découvre sa série ***Les Ballerines Magiques*** *et ses incontournables leçons de danse.*

La Bibliothèque rose

16 TOMES DISPONIBLES EN LIBRAIRIES • 96 PAGES